AF245984

RAPPORT

SUR

LA PRESSE

PAR

J. SÉVERIN

LU ET ADOPTÉ EN COMMISSION AU COMITÉ CATHOLIQUE DE 1878

PARIS

IMPRIMERIE DE L'ŒUVRE DE SAINT-PAUL, SOUSSENS ET Cie

51, rue de Lille, 51.

—

1878

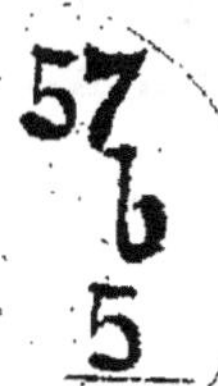

RAPPORT SUR LA PRESSE

PAR J. SÉVERIN

lu et adopté en commission au Comité catholique

de 1878.

—

Je viens attaquer des préjugés déjà anciens sur la
presse; je demande donc toute votre bienveillance;
et comme je cite les faits et les chiffres à l'appui.
de mes assertions, j'espère obtenir tout votre assen-
timent.

Des statistiques qui remontent à quatre années
d'existence, établissaient que le nombre d'exemplai-
res auquel arrivait la presse de province n'était guère
que de six cent mille. Si tous ces journaux étaient
quotidiens, ils atteindraient à peine le nombre de
numéros tirés chaque jour par le *Petit Journal* et
le *Petit National,* c'est-à-dire de deux journaux à
un sou ayant leur siège à Paris.

La presse de Paris est donc de beaucoup plus
considérable que celle de province, et, en faisant
l'évaluation des journaux si nombreux qui existent
dans la capitale et de leur tirage, je n'affirme rien
de trop, en disant qu'elle est trois fois plus importante que celle des départements.

Or, quelle est la proportion des journaux vraiment
catholiques dans cette énorme propagande parisienne?
Une étude faite par le Comité catholique de Paris

ont continué d'évangéliser, et les barbares ont été baptisés. Et quand deux fils apostats de l'Eglise ont apporté la division dans la grande famille chrétienne, l'Amérique, les Indes et la Chine sont venues par le dévouement infatigable des Missionnaires, remplacer les fils que l'Eglise avait perdus. Mais partout, c'est le travail; nulle part l'inaction n'a rien produit; pour ceux mêmes qui réclament le miracle, ne sait-on pas que le jour où une héroïne nous apportait le salut de la société d'une manière miraculeuse, elle disait : « les *hommes batailleront...........* et puis Dieu donnera la victoire. » Que craindrions-nous d'ailleurs ? car la foi qui, outre son origine surnaturelle se trouvera toujours d'accord avec toutes les sciences et les événements, peut avoir comme auxiliaires les savants, les vrais historiens, les économistes, la raison et le cœur de l'homme, comme elle aura également, si on la néglige, la sanction des événements à venir. L'hésitation serait donc une crainte vaine, et une lâcheté.

Voyons d'ailleurs ce que l'Eglise a dit de la presse par ses organes les plus autorisés, et voyons même ce qu'elle a fait. Qu'en a dit Pie IX ? « La presse, disait-il, est une œuvre d'une utilité souveraine. » Il disait aussi à ce propos : « Il faut prendre le taureau par les cornes. »

Monsieur le chanoine Schorderet ayant organisé l'*Œuvre de Saint-Paul* pour l'apostolat par la presse, a reçu les encouragements de neuf archevêques, plus de cinquante évêques, et des brefs admirables de Pie IX qui lui dit un jour : *c'est une bonne pensée; courage!* Non, la parole de Dieu n'est pas faite pour rester captive.

C'est ainsi que saint François de Sales fonda un journal dans le but de résister à la propagande protestante de son temps, car la *Semaine catholique de Lyon* rapporte que ce saint ayant été consulté par Clément VIII et les cardinaux Baronius et Borghèse, sur la triste situation de l'Eglise de Genève, en 1599, saint François de Sales fit observer au Pape et à leurs Eminences que la fondation d'une imprimerie catholique à Thonon était le plus sûr moyen de lsuccès contre les ravages de la presse protestante, dont es infâmes libelles étaient incessamment répandus parmi les catholiques.

« Ce moyen, dit saint François, nous permettant de répondre promptement et sans le moindre retard à leurs pamphlets, nous en paralyserons les effets, avant qu'ils aient eu le temps de se produire... »

Clément VIII et les cardinaux Baronius et Borghèse applaudirent à cette importante idée, l'encouragèrent de leurs offrandes et d'un bref apostolique. Quelques mois après, des imprimeurs venus de Lyon inaugurèrent la nouvelle fondation, dont les services rendus à la cause de la religion sont incalculables.

Le Pape Léon XIII, qui a également déclaré l'œuvre de la presse catholique utile et nécessaire, a dit dernièrement à notre cher président de Saint-Vincent de Paul que si un journal intéressant, récréatif et moral était fondé, dans lequel l'idée catholique ne serait pas franchement et immédiatement mise en avant, pour ramener peu à peu les indifférents et les tièdes, il ne désapprouverait pas. C'était là d'ailleurs le programme de tant de bibliothèques populaires, souvent revêtues de l'approbation de l'Eglise, et dont les livres ont laissé dans les cœurs de bons sentiments, et des souvenirs charmants qui ont eu plus tard leur application dans la vie de leurs lecteurs.

Citons à ce propos encore le fait suivant qui est capital. Lorsque l'on rapporta au pape Léon X l'invention de l'imprimerie, dont le premier ouvrage avait été la sainte Bible, il ne la condamna pas, mais y vit un moyen de faire connaître les vertus des saints et édifier les peuples, tout en reconnaissant qu'elle pouvait servir à semer l'ivraie.

Que ne comprend-on le prix d'une âme, on saurait
la valeur d'un journal destiné à la maintenir dans
la bonne doctrine, et dans la voie du salut !

Pourquoi même n'y aurait-il pas de vocations
pour la presse ? Il y faut assez d'instruction et de
sacrifice pour tenter les grandes âmes. Et quand le
sacrifice est fait par des personnes qui se sont con-
sacrées à Dieu, elles reçoivent plus abondamment
dans ce pacte fait avec Dieu la grâce qui touche les
cœurs, en même temps que l'on possède dans les
cloîtres sur les doctrines de l'Eglise bien des renseignements qui nous manquent. Que Dieu nous
donne des vocations pour la presse !

Malheureusement dans la pratique, nous avons
toujours voulu décentraliser, et dans la presse il ne
faut pas décentraliser. La raison en est qu'au-
dessus d'un certain tirage on fait ses affaires, et
qu'au-dessous on ne les fait pas. En centralisant,
on arrive rapidement au tirage voulu.

A Paris se décident toutes les grandes questions ; c'est là que sont nos représentants, les
hommes qui conduisent les affaires du pays. C'est
là que se forment les savants qui viennent y cher-
cher l'instruction, et qui exerceront une certaine
influence à leur retour. C'est là où le peuple a le
plus besoin d'être évangélisé, et la presse seule est
capable de l'atteindre aujourd'hui. Pourtant, le
journalisme y est impie ; et, comme en envoyant de
toutes parts, des journaux par ballots, il s'affranchit
des frais de port, et qu'il fait de l'Est à l'Ouest, et
du Nord au Centre une propagande effrénée, il
réalise de gros bénéfices, qu'avec un tirage de
douze à quinze cents numéros, nous n'arrvierons
jamais à faire en province.

C'est effrayant ce qu'on a prodigué, en France,
depuis longtemps, pour le journalisme, dans les
départements. Le tout centralisé à Paris eût suffi
à y fonder, au capital d'un million chacun, plu-

sieurs grands journaux qui eussent réussi aussi bien au point de vue du bénéfice que parce que l'esprit de Paris fût resté meilleur; d'ailleurs les journaux de province les eussent bien souvent copiés.

Certaines personnes continueront peut-être à mettre plus de talent aux gémissements qu'à l'action. Quant à ceux qui veulent participer à l'œuvre de la bonne presse, il est bon de les prévenir que le Congrès du Puy a décidé en 1877 la fondation d'une association du denier de la presse religieuse, et que cette association existe aujourd'hui. Son but est de soutenir la presse catholique existante et, si les capitaux fournis sont suffisants, principalement de créer des journaux à l'exemple de ceux qui existent pour les travailleurs en Belgique et qui réussissent très-bien dans ce pays. Au surplus, la variété ne nuit pas.

Il est donc très-désirable que les catholiques s'organisent, qu'ils recherchent des cotisations depuis le sou de la chaumière jusqu'à l'or du riche si abondant et jeté tous les ans en pâture à des journaux nouveaux et sans avenir; et qu'on fonde à Paris pour les régions où pénètre la presse parisienne, une presse qui par son activité, ses ripostes et sa propagande puisse lutter efficacement contre les adversaires de nos doctrines.

Que la même organisation se fonde pour les autres grands centres, comme Lyon, Marseille et Bordeaux à l'égard des endroits environnants et que des rapports s'établissent entre Paris et ces différents centres pour conserver l'unité de renseignements.

Lettre de S. E. le Cardinal Parocchi à M. le Chanoine Schorderet, fondateur de l'Œuvre de Saint-Paul.

« Mon Révérend Père et très-cher ami en
NOTRE-SEIGNEUR,

« J'ai connu l'Œuvre de Saint-Paul avant de
« l'avoir vue paraître, avant d'avoir entendu l'éner-
« gie apostolique de son langage. Bien plus, je m'y
« étais consacré sans savoir que je lui appartenais ;
« en effet, si je connais cette œuvre depuis quelques
« mois seulement, j'ai pourtant, avec l'aide de Dieu,
« donné à la bonne Presse les meilleures années de
« ma vie. Cette Œuvre, je voudrais la voir répan-
« due dans le monde entier ; je voudrais la voir
« acclamée, encouragée, bénie comme le furent les
« institutions les plus hautes et les plus méritantes
« dont l'Eglise ait eu jamais à se réjouir. Et elle en
« est bien digne, étant animée comme elles, d'un
« esprit entièrement catholique, et promettant les
« mêmes fruits pour la défense et la propagation de
« la foi dans le monde.

« Eh ! n'est-ce pas la mauvaise Presse qui empoi-
« sonne la plupart des hommes, quand à peine ils
« savent lire ? Et l'on n'opposera pas l'antidote au
« poison, le remède au mal, la force et la loyauté
« de la défense à la violence et à la perfidie de
« l'attaque ?... Du fond de mon âme, je crie au Père
« éternel : *Emitte Spiritum tuum et creabuntur.*

« Nos ancêtres prenaient la croix avec l'espérance
« fondée de s'envoler des *Lieux saints* au paradis.
« Ici, il s'agit d'une croisade faite sans effusion de

« sang pour la liberté de l'Eglise, plus vénérable
« encore que les Lieux saints.

« Au temps de Léon X, de larges indulgences
« étaient accordées à ceux qui offraient leurs dons
« généreux à la construction de Saint-Pierre. Pour
« moi, je voudrais implorer à genoux, du Souverain-
« Pontife, des trésors d'indulgences non moins abon-
« dants pour encourager ces braves qui, en soutenant
« l'autorité de la Chaire de Rome, donnent même
« à l'édifice visible du Vatican un surcroît de gran-
« deur et de respect.

« Qu'ils viennent donc à votre secours, Père très-
« vénéré, tous ceux qui se sentent l'esprit et le cœur
« envahis par ces paroles de l'Apôtre : *Charitas*
« *Christi urget nos* (1); et qui ne sait pas les répéter
« a-t-il le droit de se glorifier du très-noble nom de
« chrétien ?

« Pour moi, je suis avec vous, avec vos magna-
« nimes confrères, avec votre Œuvre et, selon la
« mesure de mes faibles moyens, je veux partager
« avec vous les fatigues, désireux de prendre part
« aussi avec vous à la récompense qui ne peut man-
« quer à qui aura confessé sur la terre, par la parole
« et par les œuvres, le nom adorable de JÉSUS-CHRIST :
« *Omnis qui confitebitur me coram hominibus,*
« *confitebor et ego eum coram Patre meo, qui in*
« *cœlis est.*

« Bologne, en la fête de saint Mathieu, Apôtre et
« Evangéliste, 21 septembre 1877.

« Votre très-affectionné en NOTRE-SEIGNEUR,

« † LUCIDE-M. Cardinal PAROCCHI,

« Archevêque. »

---

(1) La Charité de JÉSU -CHRIST nous presse.

Autre lettre adressée à M. le Chanoine Schor-deret, fondateur de l'Œuvre de Saint-Paul.

Paris, le 11 décembre 1877,
Dans l'octave de la fête de l'Immaculée-Conception
de la bienheureuse Vierge Marie.

Monsieur le Chanoine,

J'ai bien réfléchi à la conversation que nous avons eue ce matin au sujet de l'*Œuvre de Saint-Paul* et de celui de la Presse en général, et je viens vous résumer le résultat de ces réflexions.

A mon sens, la sérieuse importance de la Presse n'est pas assez comprise par les fidèles; on songe à bâtir des églises, à faire des communautés, à multi-plier les asiles pour les orphelins et les pauvres, ce qui est évidemment au rang des œuvres les plus nécessaires; mais on oublie qu'au-dessus de tous ces besoins il en est un autre qui, par la force des choses, prime tout le reste, c'est l'extension de la Presse catholique, au moins dans certains pays au nombre desquels je place la France. Car si la Presse catholique n'est pas soutenue, encouragée, élevée à la hauteur qu'elle devrait atteindre, les églises seront désertées, sinon brûlées, les communautés seront d'autant plus expulsées qu'elles seront d'au-tant plus assises, et les maisons de Charité, les écoles elles-mêmes seront enlevées à la religion qui les aura fondées.

Suivons, en effet, le mouvement des esprits : par-tout il règne un vent d'impiété, d'incrédulité; des hommes paisibles et éclairés sur toutes les autres questions deviennent intraitables et exaspérés dès qu'ils entendent parler de l'Eglise.

L'Eglise catholique, pour eux, c'est l'ennemi..... c'est l'ennemi de leur famille, de leur fortune, de leurs industries, de leur avenir : pour eux, le point est indiscutable. Et d'où vient cette aberration? des journaux qu'ils lisent et qu'ils lisent seuls ; des feuilles impies, irréligieuses, haineuses même qui sont partout sous leurs pas, tandis que nulle part la Presse catholique ne vient apporter le contre-poison.

Si cet état de chose dure, la religion est perdue dans un nombre effrayant d'âmes. Donc, il faut que le zèle des catholiques s'applique à le faire cesser; car tant qu'ils n'auront pas gagné ce point, on défera en quelques minutes l'ouvrage de nombreuses années.

Un incendie ou, ce qui est plus à craindre, une législation irréligieuse supprimera ou emploiera à d'autres usages ce qu'on aura mis tant de peines à fonder.

A moins d'un miracle, les efforts des catholiques seront donc inutiles tant que la Presse sera uniquement entre les mains de leurs ennemis. Car ils n'ont plus pour eux les gouvernements comme dans les siècles derniers : ils n'ont plus pour eux les masses qui décident de tout par leur vote, et qui, dans un grand nombre de pays, sont égarées complètement; on ne vient plus aux églises entendre la parole de Dieu; les vocations diminuent pour le sacerdoce, et la profession de foi catholique n'est plus qu'à l'état de fait individuel, comme aux premiers siècles de l'Eglise. Plaise à Dieu qu'elle ne devienne pas à l'état d'exception !

Or, si les catholiques mettaient au premier rang de leurs œuvres, en France du moins, le soutien de leur Presse, comme ils le font en Allemagne ; si chaque année, ils y consacraient deux, trois millions, on peut affirmer que la situation se modifierait rapidement, que la foi ressusciterait dans des centaines de milliers d'intelligences ; car les esprits seraient éclairés. Avec cet argent, on conquerrait des plumes habiles, dévouées, généreuses, qui savent remuer les masses; au lieu de quelques écrivains, on en aurait des milliers, que la faim pousse sans cesse du côté de nos ennemis où ils finissent par se pervertir.

On ferait des journaux bien rédigés, intéressants, à bon marché, qui seraient lus pour leur talent d'abord, pour leurs opinions ensuite , et si quelques œuvres secondaires souffraient un moment (ce qui n'est pas prouvé) de cette impulsion nouvelle donnée au zèle des fidèles, elles retrouveraient bien vite, avec usure, leur prospérité passée. Car ce dont les œuvres souffrent avant tout, c'est du petit nombre de personnes ferventes qui les soutiennent.

On dira peut-être : mais où les catholiques trouveront-ils des millions ? C'est facile à indiquer.

D'abord dans leur cœur, puis chez les pauvres, dans certaines économies auxquelles on ne pense pas et qui seraient pourtant bien importantes.

Ainsi, les communautés bâtissent chaque année pour des sommes très-fortes. En France elles n'ont certainement pas la possibilité de refaire les monuments des vieilles abbayes; mais elles bâtissent sur une large échelle. Il est si tentant, si naturel pour elles de réparer des chapelles un peu trop simples et de les décorer avec art et avec amour! Il est si pénible de se résigner, surtout dans les couvents cloîtrés, à des bâtiments vieux et tristes! Mais sans s'interdire tout à fait cette consolation, cet encouragement, si sur ces dépenses on ajournait, même sans les supprimer définitivement, dix pour cent par exemple, on aurait bien vite des sommes disponibles, fort respectables, et qui seraient bien utilement employées dans l'intérêt de ces communautés; car elles serviraient à les défendre contre d'injustes, mais trop imminentes agressions et contre le pétrole qu'on a trop oublié.

Ce qui se dit des communautés, pourrait se dire d'une foule de chrétiens. Si chacun pensait que la Presse catholique est le point de départ de la lutte pour la foi, combien ne mettraient pas de côté des sommes importantes !

Seulement les idées ne sont pas à ce courant, et plus d'une bonne religieuse qui lirait ces lignes s'indignerait peut-être de la pensée de consacrer à un journal qu'elle ne lira pas, une partie de cet argent qu'elle dépensera si volontiers en embellissements pour sa chère chapelle; telle communauté qui, pour s'asseoir, va s'endetter de 800,000 francs, trouverait impossible de donner 1,000 francs pour la Presse.

Il faut que l'impulsion parte d'en haut si on veut qu'elle soit puissante.

Il faut que de Rome descende auprès des communautés, auprès des évêques, peut-être, auprès des laïques certainement, un mot d'ordre qui viendra dessiller les yeux et éclairer sur la marche à suivre.

Mais, dira-t-on, est-il possible que le Souverain-Pontife intervienne ici directement par des ordres ?

On conçoit facilement qu'il serait souverainement déplacé à un simple laïque de paraître, en quoi que ce soit, donner même indirectement un avis au Père commun des fidèles. Mais, si le Pape admet la nécessité d'une impulsion à donner à la Presse catholique, il est hors de doute qu'il se présentera à lui une foule de moyens pour réaliser cette pensée ; qu'en rapports constants avec les chefs d'ordres, avec Nos Seigneurs les Evêques, avec les fidèles les plus pieux, il n'a qu'à exprimer dans telle forme qu'il lui conviendra, un vœu, un désir, et que ce vœu sera fidèlement écouté. Qui sait même, si, dans son inépuisable libéralité, il ne viendra pas lui-même donner l'exemple et prélever sur le denier de Saint-Pierre une somme sérieuse dont il confierait la répartition à des hommes sérieux et prudents pour former le premier noyau du denier de la vérité catholique par la Presse quotidienne?

Oh! si un prêtre au cœur apostolique, si surtout un prince de l'Eglise, prenant cette cause en mains, se jetait aux pieds du Vicaire de Jésus-Christ et lui exposait les besoins des âmes de ses fils qui périssent chaque jour par milliers, l'Esprit-Saint inspirerait certainement au successeur de Pierre une solution décisive. Il a daigné donner dernièrement saint François de Sales comme patron à la Presse religieuse et c'est déjà un inestimable bienfait: en lui assurant le moyen matériel de prendre un premier essor, il confirmerait et étendrait ce bienfait et l'*Œuvre de Saint-Paul,* qui est un des moyens de cette lutte contre l'erreur, en profiterait certainement.

Tel est l'ensemble, Monsieur le Chanoine, des idées que je nourris depuis longtemps, que je regrette de ne pas savoir mieux rendre et que je voudrais voir exposées par une voix ou une parole plus habile. Je vous les communique confidentiellement, tout disposé cependant à formuler un plan pratique, si jamais il m'était demandé.

Veuillez agréer l'assurance de mon sincère respect.

L'Œuvre de Saint-Paul répond à une aspiration, nous dirons presque à une prédiction d'un autre grand évêque de Genève, saint François de Sales...

« Que je serais consolé, écrivait-il, si je pouvais
« voir en l'Eglise de Dieu une société de filles ou
« de femmes, où l'on ne portât d'autre dot qu'une
« bonne volonté et l'industrie de gagner sa vie du
« travail de ses mains et qui, pour cela, n'eût point
« d'autre chœur que la salle du travail, où toutes
« ensemble participassent à la félicité dont parle

« le prophète : *Vous serez bienheureuses si vous*
« *mangez le fruit du travail de vos mains !*

« Mon Dieu ! la grande consolation de manger
« son pain à la sueur de son visage, et de pouvoir
« dire avec le grand Apôtre : Voilà des mains qui,
« non-seulement m'ont fourni les choses nécessaires,
« mais encore à ceux qui souffraient la nécessité !
« Cette pauvreté est plus exquise devant Dieu que
« tous les trésors de la terre. C'est en cela que
« consiste proprement la vraie pauvreté évangéli-
« que, telle que l'ont pratiquée la sainte Vierge,
« saint Joseph et les Apôtres, quittant tout pour
« vivre de leur travail surnaturel et corporel. »

Que les âmes nobles et généreuses de France
répondent de leur côté au vœu exprimé par Mgr de
Ségur le 25 juin 1877 :

« J'espère que les chrétiens et les honnêtes gens
« reconnaîtront bientôt les services incalculables
« qu'une organisation semblable à la vôtre est
« capable de rendre à l'Eglise et à la société et que
« vous trouverez les ressources suffisantes pour
« *marcher et pour marcher vite.* »

LE COMITÉ.

Impr. de l'Œuvre de Saint-Paul, Soussens et Cie, 51, rue de Lille, Paris.